Boris Meder

Oral History: Forschung mit Schülern - ein sinnvolles Unterfangen außerhalb der Schule?

GRIN Verlag

Bibliografische Information der Deutschen Nationalbibliothek:

Die Deutsche Bibliothek verzeichnet diese Publikation in der Deutschen National-
bibliografie; detaillierte bibliografische Daten sind im Internet über http://dnb.d-
nb.de/ abrufbar.

Impressum:

Copyright © 2004 GRIN Verlag GmbH
Druck und Bindung: Books on Demand GmbH, Norderstedt Germany
ISBN: 978-3-656-34908-2

Dieses Buch bei GRIN:

http://www.grin.com/de/e-book/165272/oral-history-forschung-mit-schuelern-ein-
sinnvolles-unterfangen-ausserhalb

GRIN - Your knowledge has value

Der GRIN Verlag publiziert seit 1998 wissenschaftliche Arbeiten von Studenten, Hochschullehrern und anderen Akademikern als eBook und gedrucktes Buch. Die Verlagswebsite www.grin.com ist die ideale Plattform zur Veröffentlichung von Hausarbeiten, Abschlussarbeiten, wissenschaftlichen Aufsätzen, Dissertationen und Fachbüchern.

Besuchen Sie uns im Internet:

http://www.grin.com/

http://www.facebook.com/grincom

http://www.twitter.com/grin_com

Inhaltsverzeichnis

1) <u>Einleitung</u>

Die vorliegende schriftliche Ausarbeitung befasst sich mit dem Thema
„oral history". Der Schwerpunkt dieser Arbeit liegt zunächst in der
Entstehungsgeschichte des oral history, wobei anschließend die
Voraussetzungen für ein oral history geführtes Interview erklärt werden.
Das Interview selbst, auch Erinnerungsinterview genannt, dient als Einleitung
zum Thema, welches vom zweiten Referenten behandelt wird. Dort liegt
der thematische Schwerpunkt auf den methodischen und didaktischen
Vorgehens- und Auswertungsweisen solcher Interviewtexte. Auch werden
die Problemfelder und die Anwendbarkeit jener Texte kritisch untersucht
und beleuchtet. Zum Schluss erfolgt ein kurzes Fazit zur Gesamtthematik.

2) **Haupteil: oral history**

a) Entstehung und Nutzung der oral history

Oral history als Zweig der Geschichtswissenschaft entstand in den USA
der 40er Jahre. Zwei verschiedene Gründe sind hier für die „plötzliche"
Nutzung von mündlichen Quellen zu benennen:

> Das historische Interesse wandte sich unter einem anderen Gesichtspunkt
> „schriftlosen" Kulturen wie den Indianern und Sklaven zu. Die
> mündlich überlieferten Quellen erlaubten einen Einblick in die
> Gefühls- und Erlebniswelt von Kulturen, die nie eine eigene „Stimme"
> hatten. Die oral history Forschung ermöglichte die Geschichte aus dem
> Blickwinkel der „schriftlosen" Kulturen zu sehen, deren Erfahrungen
> und Erlebnisse ein Historiker jetzt viel präziser und veranschaulichter
> nachvollziehen konnte.

> Zudem wurde die oral history eine wichtige Methode zur Erforschung
> der politischen Zeitgeschichte. Durch Experteninterviews versuchte man
> politische Entscheidungsprozesse auf Regierungsebene in einer Gesellschaft
> zu verstehen, da entsprechende Akten zunächst z.B. im Privatbesitz des
> ehemaligen Präsidenten verblieben.

Etwa dreißig Jahre später, in den 70er Jahren, wurde die oral history auch erstmals
in Europa genutzt. Anders als in den USA war die oral history schon immer an
die Sozialgeschichte gebunden und unterstützte die Erforschung sozialer Gruppen,
wie die Unterschicht, Frauenbewegungen oder Minoritäten.

Das heißt nicht, dass sich die Geschichte nicht mit diesen Gruppen
auseinandergesetzt hat. Sie wurden in den Akten erwähnt, jedoch ähnlich wie
bei den Indianern und Sklaven nur durch den äußeren, also extern geprägten
Eindruck der Historiker und unter Verlust der persönlichen Erlebnisse und
Meinungen diese Gruppierungen. In der Bundesrepublik Deutschland wurde
der oral history als Forschungsansatz zu einer bevorzugten Methode, um die
Geschichte der politischen Opfer des Nationalsozialismus nachvollziehen
zu können. Zudem bediente man sich dieser Methode auch zur Erforschung
von subjektive erlebten Erfahrungen der Menschen im sozialistischen System
der DDR. Zu Beginn wurde die oral history von konservativ geprägten und
traditionalistischen Richtungen der Geschichtswissenschaft auf Distanz gehalten.
Zunächst diente sie lediglich als Ersatzquelle für fehlende oder stark verzerrte

schriftliche Quellen. Schließlich bestand die Gefahr darin, dass das Interview unvollständig und stark persönlich „gefärbt" sein könnte. Die zeitliche Komponente kommt erschwerend hinzu (länger zurückliegende Geschichte kann nicht detailgetreu von einer einzelnen Person wiedergegeben werden.), und für den Interviewten ist es sehr schwer, seine Erlebnisse in treffende Worte zu fassen. Die Kontrolle und Überprüfung jener getroffenen Aussagen stellt somit den immanentesten und zugleich schwierigsten Teil der Aufgabe da. Das Ziel ist dann, den objektiven Gehalt der Aussage herauszufiltern. Bereits wird deutlich, wie zeitaufwendig und intensiv die einzelnen Befragungen sein können; zudem muss der Historiker bei der darauf folgenden Auswertung neben Verwendung anderer Quellen auch andere Interviewtexte zum gleichen Thema analysieren und bewerten.

b) Das Interview
Zu Beginn der oral history wird ein gemeinsames Erinnerungsinterview produziert. Der Interviewer regt durch Fragen und Impulse den Befragten zu Erzählungen über seine persönlichen Erinnerungen an. Dabei ist auch die Haltung des Interviewers enorm wichtig: Dieser schreibt ständig mit und sollte Interesse an dem Erzählten bekunden, damit die befragte Person zu weiteren Erzählungen motiviert wird. An dieser Stelle sollten ergänzende Alternativen wie Video- und Tonbandaufzeichnungen erwähnt werden. Diese könnten jedoch die interviewte Person nervös werden lassen, da diese sich eventuell beobachtet fühlen könnte und nicht „aus sich heraus geht".
Es lassen sich zwei Arten von Interviews unterscheiden: „Das thematische Interview, bei dem der Befragte zu einem ganz bestimmten Sachverhalt , sei es ein Ereignis oder ein Stück Alltagswelt oder eine begrenzte biographische Erfahrung, Auskunft gibt,(zweitens gibt es) das biographische Interview, bei Dem die ganze Lebensgeschichte in den Zusammenhang cincr Epoche, historische Brüche und Kontinuitäten gestellt werden soll.", (Zitat nach Dorothee Wierling, S. 237)
Bei allen Interviews handelt es sich um offen und narrativ gehaltene Interviews, damit die Wahrscheinlichkeit erhöht wird, das der Befragte einen so genannten „Kontrollverlust" erfährt und so in seinen Erzählungen versinkt und mehr erzählt als er sich vorgenommen hatte. Bei der Gesprächsführung gilt es, dass der Interviewer

sich hauptsächlich aus den Erzählungen raus hält. Dennoch sollte er nie seine erhoffte Information aus dem Interview außer Acht lassen. Zum Schluss kann er hierbei verstärkt durch gezielte Fragen eingreifen. Ein Erinnerungsinterview entsteht nicht aus einer Sitzung, „In der Regel finden zwei bis drei Treffen statt" (Zitat nach Wierling, S.237). Anders als bei den Akten im Archiv greift der Historiker bei der oral history selbst in die Produktion der Quellen ein. Das ist bis heute ein Kritikpunkt: Diesem Einwand kann man nur mit der Begründung entgegentreten, dass bei der Auswertung nicht nur das Gesprochene, sondern auch die Interviewsituation ausgewertet wird.

Der weiterführende Abschnitt der Ausarbeitung befasst sich mit den Interviewtexten und wird von dem Mitreferenten fortgeführt.

c) Interviewtexte

(1) Lesbarkeit

Die Textinhalte der Interviews sind relativ komplex und ausschweifend und müssen mit Hilfe intensiver und ausführlicher Befassung mit der Struktur, dem Inhalt und den Intentionen des Textes herausgeschrieben, systematisch geordnet und später verständlich präsentiert werden. Somit lässt sich festhalten, dass eine intensive Befassung mit den wiedergegebenen Erzählungen der befragten Personen erfolgt. Zudem ist auffällig, dass keine lineare, sondern eine kreisende Struktur vorliegt. Dies bedeutet konkret, dass der Interviewer die Fragen so stellt, dass das angesprochene und bearbeitende Thema, zu dem die jeweilige Person befragt wird, von mehreren Seiten erfragt, beleuchtet und später analysiert wird.

Zudem wird mit dem Begriff „kreisend" die methodische Vorgehensweise beschrieben, die der Interviewer bei den Gesprächen benutzt:

Er kehrt oft an Ausgangsfragen und Thesen zurück und versucht zum Schluss das Gesamtinterview mit schlüssigen Übereinstimmungen abzurunden und ein „Gesamtbild" bzw. Gesamtzusammenhang herzustellen.

(2) Vorgehensweise

Das Langzeitgedächtnis spielt bei den befragten Personen eine entscheidende Rolle: Je besser und präziser sich die Person an zeitlich zurückliegende Vorgänge erinnern kann, desto informativer und verwertbarer werden die Aussagen und dementsprechend für die spätere Auswertung verwendet.

Die Erzählungen befassen sich konkret mit „persönlich erlebter Geschichte".
Der Historiker ist in diesem Fall Zuhörer und Erfahrender von Geschichte, und
an erster Stelle steht „diese Zeugnis erst zu produzieren, und zwar durch
Befragung." (Zitat nach Vorländer Herwart, oral history, mündlich erfragte
Geschichte, S.21). Wichtig in diesem Zusammenhang ist die kritische
Einschätzung der einzelnen Berichte. Methodisch kann hier an dieser Stelle
angemerkt werden, dass neben den bereits erwähnten Erzählaufzeichnungen
durch Mitschrift, Videoaufzeichnungen und Tonband auch die noch
nicht genannten Medien Kassettenrekorder, Fotos und Transkripte genutzt werden
können. Somit entstehen verschieden Arten von Aufzeichnungsmethoden
jener Forschungstechnik.

(3) Auswertung

Bei der Auswertung der Interviewtexte muss der Historiker sehr genau
und systematisch vorgehen: Zunächst beginnt er mit einer ersten groben
Einteilung in sinnhafte Abschnitte, setzt dann thematische Schwerpunkte
und begibt sich dann an erste Vorkonstruktionen des Textes. Insgesamt
können diese drei Punkte als Ordnungs- und Gliederungspunkte verstanden
werden. Es folgt Herausfilterung und Bewertung der Informationen, die
aus dem Text als verwertbar aufgefasst werden. Diese Vorgänge geschehen
bereits in einem detaillierten und zeitaufwendigem Status. Gleichzeitig
werden die jeweils erzählten Geschichten in einen Gesamtzusammenhang
gebracht. Außerdem muss der Historiker beachten, inwiefern die Erzählungen
des Interviewten überhaupt aussagekräftig sind, wie homogen bzw. heterogen die
getroffenen Aussagen sind.

(4) Funktionalität

Primär geht es bei oral history Auswertungen und anschließenden Vorstellungen
um die Verlebendigung und Veranschaulichung von Geschichte. Zwar ist „die
Verschriftung von Sprache(...)ein reduzierender und abstrahierender Vorgang,
bei dem die sogenannten „paralinguistischen" Dimensionen des Mediums Sprache
(...) verloren gehen." (Zitat nach Vorländer, S. 24). Jedoch ist der Vortrag
ausgewerteter Befragungen ein nicht zu unterschätzendes Mittel, um ein
qualitatives Werk zum besseren Verständnis bestimmter historischer
Zusammenhänge zu vergegenwärtigen, indem persönliche Einzelschicksale
benannt und analysiert werden.

Speziell für Schüler ist es spannender, Schicksale einiger weniger
Menschen z.B. in den Konzentrationslagern der NS – Zeit oder den
Berichten und Briefen der Soldaten beider Weltkriege, zu verfolgen,
nachzuvollziehen und dann Rückschlüsse zu ziehen, wie es anderen
Menschen ebenfalls ergangen sein könnte oder ist. Gleichzeitig erlernt
der Schüler im durch diese Methoden der oral history soziales Lernen;
zudem erfolgt eine unmittelbare Betroffenheit (Das Einzelschicksal als
explizite Veranschaulichung für eine Gesamtsituation). Hinzu kommt
eine Art „Handlungsorientierung" für den Schüler durch jene persönlich
durchgeführte Befragungen, sie nehmen als Fragende Teil an mündlich
überlieferten, subjektiv erfahrenden historischen „Erzählungen".

(5) Problematik

Besonders bei Schülern, die als Interviewführende sogenannte „Zeitzeugen"
befragen, besteht die Gefahr, dass sie die Erzählungen unreflektiert annehmen
und nicht kritisch hinterfragen. An diesem Punkt greift der Lehrer als
Mittler und Lenker ein, gibt zusätzliche Informationen und Tipps zur
methodischen Vorgehensweise und erinnert an die kritische Auffassung der
oral history. Zudem weist er auf die notwendige Achtsamkeit hin, jede
kleinste Information aufzunehmen und zu notieren. Dies erfordert im
besonderen Maße die Konzentrations- und Aufnahmefähigkeit des Schülers,
jedoch auch ein gewisses Maß an Disziplin.

(6) Praktischer Gebrauch

Herwart Vorländer bezeichnet oral history als einen Teil der Geschichtswissenschaft, der als „aus dem Alltag für den Alltag" verstanden werden kann.
Die individuell erlebte, subjektiv erfahrende Geschichte verschwindet
somit nicht in einem Archiv, sondern dient dem alltäglichen Gebrauch
und Verständnis der Menschen über den Aspekt „Geschichte".
Anzumerken wäre noch, dass besonders für Kinder und Jugendliche
die direkte Begegnung mit Geschichte hier in den Vordergrund rückt,
insbesondere wenn sie Interviews selbst führen und auswerten.
Wichtig ist, dass beide Seiten, sowohl der Interviewer, als auch die
befragte Person, sich möglichst kooperativ verhalten, um ein
befriedigendes und verwertbares Ergebnis zu erlangen.

3) <u>Fazit</u>

Zum Schluss kann man an dieser Stelle festhalten, dass die oral history Forschung als ernstzunehmende und mittlerweile etablierte Richtung der Geschichtswissenschaft angesehen werden kann. Bei der Verwendung und Aus- bzw. Bewertung von oral history Texten sollte unbedingt beachtet werden, dass ein einzelnes Interview nicht ausreichend Authentizität über einen bestimmten Sachverhalt einer Befragung widerspiegeln kann (Beispiel: Wohnverhältnisse von deutschen Arbeiterfamilien in den Wirren des Ersten Weltkriegs).

Werden jedoch mehrere Personen zu ein und dem selben Sachverhalt befragt, und lassen sich äquivalente Ergebnisse festhalten, so ist der gewünschte Grad an Glaubwürdigkeit und Verwendbarkeit der entnommenen Informationen gegeben.

Literarturangaben:

Vorländer, Herwart (Hg.): Oral history, Mündlich erfragte Geschichte,
Göttingen, 1990

Wierling, Dorothee: oral history (In: Bergmann, Klaus: Handbuch der Geschichts-
didaktik, 5. überarbeitete Auflage – Seelze-Velber: Kallmeyer 1997, S.236-239)